Handlettering

DEIN EINSTIEG IN DIE KUNST DES KREATIVEN SCHREIBENS

EIN BUCH DER
EDITION MICHAEL FISCHER

ÜBER DIE AUTORIN

Sarah liebt Jesus, manchmal einen guten Wein in netter Gesellschaft, Instagram und Menschen, die sie zum Lachen bringen. An einem typischen Tag macht sie unzählige Fotos, tanzt durch ihre Garage, während sie Bestellungen packt, und kuschelt mit ihren kleinen Hunden. Seit 2013 betreibt sie Chalkfulloflove, einen Shop für handgeletterte Geschenke, außerdem ist sie die Gründerin von The Creative Counsel Conference. Sie ist gelernte Grafikdesignerin und Autodidaktin, was das Handlettering und Geschäftsleben betrifft. Ihre handgeletterten Werke erschafft sie in Austin, Texas. Mehr über sie und ihre Arbeit erfährst du auf chalkfulloflove.com.

Du möchtest also Handlettering lernen ...

Dieses Buch steckt voller schöner Buchstaben, detaillierter Anleitungen und super süßer Projekte!

Inhalt

SCHRIFT-GRUNDLAGEN 5	BRING DEINE BUCHSTABEN ZUM TANZEN 63
GEWUSST WIE 9	DIE RICHTIGE MISCHUNG 71
MEINE LIEBLINGSMATERIALIEN 13	SCHNÖRKEL UND SCHMUCKELEMENTE 81
BUCHSTABEN-PRAXIS – SCHRITT 1 17	VON DER SKIZZE ZUM BILD 85
BUCHSTABEN-PRAXIS – SCHRITT 2 33	PROJEKTE 89
BUCHSTABEN VERBINDEN 51	

SCHRIFT-
GRUNDLAGEN

SCHRIFT-GRUNDLAGEN

Ich komme aus dem Bereich des Grafikdesigns, und meine besondere Vorliebe galt schon immer der Typografie – oder einfacher: der „Schrift"! Fast alle Grafikdesigner bezeichnen sich selbst als „Schrift-Snobs". In der Ausbildung lernen wir früh, welche Schriften zusammen funktionieren, und diese Aufgabe begeistert mich immer wieder aufs Neue. Um Handlettering erfolgreich zu lernen, solltest du die Grundlagen der Schriften kennen. Kannst du dich noch an all die schrägen Schriften zu Zeiten von AOL erinnern? Als ich selbst noch jünger war, war ich insgeheim vernarrt in Curlz und Comic Sans (bitte niemandem verraten). Diese Phase habe ich zum Glück inzwischen hinter mir gelassen.

EINIGE GRUNDBEGRIFFE.

SERIFE — Die Serife ist ein feiner Strich am Ende eines Buchstabens. Serifen-Schriften sind leserfreundlich, daher findet du sie in den meisten Büchern.

SANS SERIF — Sans heißt auf Französisch „ohne". Eine Sans-Serif-Schrift besitzt also keine Serifen an den Buchstaben. Beim Handlettering nehme ich diese Schriften sehr gerne.

GRUNDLINIE — Die Linie, auf der deine Buchstaben stehen.

MITTELLINIE — Die Höhe des Buchstaben-Mittelteils. Sie liegt horizontal zwischen der Grundlinie und dem oberen Ende der Großbuchstaben.

OBERLÄNGE — Der Teil der Buchstaben, welcher zwischen Mittellinie und oberem Ende der Buchstaben liegt, etwa bei t, h, k und l.

SCHRIFT-GRUNDLAGEN

EINIGE GRUNDBEGRIFFE.

UNTERLÄNGE

Der Teil der Kleinbuchstaben, welcher unterhalb der Grundlinie liegt, etwa bei g, y, p, q und f.

ABSTRICH

Nach unten geführter Strich bei einem Buchstaben; im Allgemeinen der kräftigste Strich.

HAARSTRICH

In der Kalligrafie lassen sich alle nach oben geführten Striche als Haarstriche bezeichnen. Die schmalste Linie eines Buchstabens.

QUERSTRICH

Die horizontale Linie eines Buchstabens. Denke an Buchstaben wie A, H, F und das kleine t. Du kannst den Querstrich nach Belieben schlicht oder verschnörkelt gestalten.

GEWUSST WIE

GEWUSST WIE

In der traditionellen Kalligrafie übst du bei jedem Abstrich Druck auf die Feder aus und bestimmst so die Strichstärke. Weil ich dasselbe Ergebnis wie die Kalligrafie, nur ohne Feder oder Pinsel erreiche, wird meine Form des Handletterings manchmal als „Faux Calligraphy" bezeichnet.

In einem ersten Schritt zeichne ich meinen Schriftzug mit Filzstift, Bleistift oder Kreidemarker vor; um anschließend den Abstrich dicker zu gestalten, füge ich an den entsprechenden Stellen eine zweite Umrisslinie hinzu und male diese Partien aus. Bei breiteren Stiften wie Kreide- oder Filzmarkern lässt sich dasselbe Ergebnis auch ohne Vorzeichnung erreichen.

1. Als Erstes entwerfe ich mein Wort mit einem dünnen Stift.

2. Dann gestalte ich die Abstriche. Die blauen Kreise markieren einen Abstrich an der Innenseite eines Buchstabens, die lachsfarbenen Kreise einen Abstrich an der Außenseite.

3. Im dritten Schritt male ich schließlich die Abstriche aus. Fertig ist das Wort!

GEWUSST WIE

Mit der Zeit entwickelt jeder seinen eigenen Handlettering-Stil. Am Anfang wirst du vermutlich einen Stil nachahmen, der dir besonders gefällt, aber irgendwann wirst du ihm deine persönliche Note verleihen. Im Moment habe ich ein Faible für rundere Buchstaben mit ausladenden Schwüngen und dicken Abstrichen. Das Wichtigste beim Handlettering ist es, seine Muskeln an die richtigen Bewegungen zu gewöhnen, um sämtliche Buchstaben wiedergeben zu können und seinen Stift richtig zu kontrollieren. Und glaub mir, meine Alltagsschrift sieht nicht im Geringsten so aus wie das, was du hier siehst. Du musst keine schöne Handschrift haben, um ein guter Handletterer zu werden.

Tipps + Tricks:

1. Ob bei Handlettering, Faux Calligraphy, Pinselkalligrafie oder traditioneller Kalligrafie – das Geheimnis dahinter lautet immer: üben, üben, üben! Vielleicht wird dir Handlettering nicht von Anfang an leicht von der Hand gehen, aber wenn du dir jeden Tag oder auch nur jede Woche Zeit dafür nimmst, wirst du schon bald enorme Fortschritte bemerken. Wenn ich mir Sachen aus der Anfangszeit von Chalkfulloflove anschaue, werde ich jedes Mal rot vor Scham. Aber zugleich kann ich kaum fassen, wie weit ich in den wenigen Jahren seither gekommen bin. Und das kannst du auch!

2. Probiere alle möglichen Schreibinstrumente aus! Im nächsten Kapitel stelle ich ein paar meiner Lieblingsstifte vor. Aber das sind bei Weitem nicht alle, die es gibt. Experimentiere einfach mit den unterschiedlichsten Stiften, ob dick oder dünn, ob mit Pinsel- oder breiter Spitze.

3. Wirst du müde oder merkst du, wie deine Hand verkrampft (das kann wirklich wehtun!), wird es Zeit für eine Pause. Wenn du es übertreibst, wird dir der Spaß am Handlettering bald vergehen.

4. Es ist dein eigener Stil, der dich aus der Masse herausheben und dafür sorgen wird, dass du Erfolg hast. Sobald du erst die grundlegenden Bewegungen und Formen beherrschst, kannst du die einzelnen Buchstaben problemlos verändern und deinen eigenen Stil gestalten. Magst du es, wenn die Buchstaben tanzen? Vielleicht gefallen dir ausladende Schnörkel? Oder hast du es am liebsten, wenn alles gleichmäßig und perfekt ist? Hol dir deine Inspiration bei Handletterern und Kalligrafen, die du schätzt, und finde den Stil, der zu dir passt!

MEINE LIEBLINGS-MATERIALIEN

MEINE LIEBLINGSMATERIALIEN

Das Schöne an der Faux Calligraphy ist, dass du jeden beliebigen Blei- oder Filzstift verwenden kannst. Das ist definitiv ein Vorteil des Als-Ob! Für meine Vorzeichnungen nehme ich am liebsten einen einfachen Bleistift. Nichts Besonderes, einfach nur ein schlichter 0,7-mm-Druckbleistift wie schon in der Schule. Die Linien ziehe ich anschließend mit einem Micron®-Stift nach. Zum Schluss radiere ich die noch sichtbaren Reste der Bleistiftzeichnung aus.

BLEISTIFTE.

Bleistifte sind ein technisch höchst ausgefeiltes Spezialwerkzeug für den Einsatz in der Faux Calligraphy. Nur ein Witz! Jeder Bleistift ist geeignet, aber ich bevorzuge die dickeren Stärken, da sie besser über das Papier gleiten.

MICRON-FINELINER.

Wie ihr Name verrät, haben Micron-Fineliner besonders feine Spitzen. Sie enthalten archivalische Tinte und sind für ihren sanften und fließenden Auftrag bekannt. Den Micron verwende ich definitiv am häufigsten. Zwar hat es ein bisschen gedauert, bis ich mich an ihn gewöhnt hatte, aber inzwischen ist er für mich einer der vielseitigsten Stifte. Zunächst werden deine Linien vielleicht ein bisschen wacklig aussehen, aber das ist okay! Die größte Herausforderung beim Lettern besteht darin, sich auf den Stift einzustellen. Die Micron-Stifte werden von der Firma Pigma® hergestellt und sind im Bastelgeschäft oder im Internet erhältlich. Kaufe dir am besten die Packung mit sechs Stärken und probiere aus, welcher Stift dir am besten liegt. Bei mir sind das Nummer 02, 05 und 08.

MEINE LIEBLINGSMATERIALIEN

RADIERGUMMI.

Wenn du deine Vorzeichnungen so wie ich mit dem Bleistift anlegst, brauchst du einen guten Radierer. Ich verwende den Factis® OV 12. Du wirst schnell bemerken, dass Bleistift durchaus verschmiert, also solltest du deinen Radierer immer griffbereit haben.

HOCHWERTIGES PAPIER.

Am Anfang wird dir die Qualität des Papiers vielleicht nicht allzu wichtig sein, aber wenn du dich für dünnes, billiges Papier entscheidest, wirst du es rasch bereuen. Hochwertiges Papier ist unverzichtbar, wenn du deine Arbeiten digitalisieren möchtest. Ich bevorzuge Papier mit einem Gewicht von 220 oder 300 Gramm pro Quadratmeter. Du erhältst es in jedem Bastel- und Schreibwarengeschäft oder im Internet.

SHARPIES & TOMBOWS.

Wenn du mit dem Micron zunächst nicht zurechtkommst, empfehle ich dir den Sharpie®-Marker. Er ist ein großartiger Stift für Anfänger. Seine Spitze ist dick, und er lässt sich leichter handhaben als die Micron-Stifte. Nimm einfach den ganz normalen schwarzen Sharpie, den du im Internet bestellen kannst. Alternativ eignet sich aber auch wunderbar der Tombow MONO TWIN, den du sowohl online als auch im Schreibwarengeschäft kaufen kannst.

MEINE LIEBLINGSMATERIALIEN

MARKER.

Mit Markern kannst du deinen Entwurf farbig oder mit glitzernden Effekten verzieren. Zu meinen Lieblingsprodukten gehören die Stifte von Sharpie und Craftsmart® auf Öl- oder Wasserbasis. Früher habe ich viele Auftragsarbeiten in Gold auf Weiß produziert, und das wäre ohne Marker undenkbar gewesen. Mit ihnen lässt sich ähnlich schreiben wie mit normalen Sharpies, allerdings neigen sie dazu, abzufärben. Also gib ihnen Zeit zum Trocknen. Marker erhältst du in jedem Schreibwarengeschäft oder im Internet.

KREIDEMARKER.

Ich liebe es, auf Tafeln zu zeichnen (daher auch mein Name Chalkfulloflove), und kann mir ein Leben ohne Kreidemarker nicht vorstellen. Meine Lieblingsmarke ist Chalk Ink®, insbesondere die Stifte mit dünner Spitze. Aber auch alle anderen Stifte der Marke eignen sich wunderbar. Der Nachteil der Chalk-Ink-Marker besteht darin, dass nach dem Wegwischen manchmal Schatten sichtbar bleiben. Diese lassen sich aber einfach mit einem Schmutzradierer entfernen. Die Chalk-Ink-Marker gibt es entweder direkt auf der Webseite des Unternehmens oder bei anderen Internethändlern. Im Schreibwarengeschäft bei dir um die Ecke findest du aber auch Kreidemarker anderer Hersteller, beispielsweise von edding®.

GEWÖHNLICHE TAFELKREIDE.

Gewöhnliche Tafelkreide hat eine dickere und stumpfere Spitze als die anderen erwähnten Materialien, aber du kannst sie beim Schreiben durch Drehen und Wenden anpassen. Bei mir zu Hause habe ich eine Wandtafel und liebe es, mit Kreide zu zeichnen und zu schreiben. Nur mit gewöhnlicher Kreide erhält man den wirklich authentischen Kreidelook.

BUCHSTABEN-
PRAXIS

SCHRITT 1

BUCHSTABEN-PRAXIS SCHRITT 1

Ziehe die Buchstaben nach, indem du den Pfeilen folgst.
Setze die Reihe anschließend rechts fort.

BUCHSTABEN-PRAXIS SCHRITT 1

Ziehe die Buchstaben nach, indem du den Pfeilen folgst.
Setze die Reihe anschließend rechts fort.

BUCHSTABEN-PRAXIS SCHRITT 1

Ziehe die Buchstaben nach, indem du den Pfeilen folgst.
Setze die Reihe anschließend rechts fort.

BUCHSTABEN-PRAXIS SCHRITT 1

Ziehe die Buchstaben nach, indem du den Pfeilen folgst.
Setze die Reihe anschließend rechts fort.

BUCHSTABEN-PRAXIS SCHRITT 1

Ziehe die Buchstaben nach, indem du den Pfeilen folgst.
Setze die Reihe anschließend rechts fort.

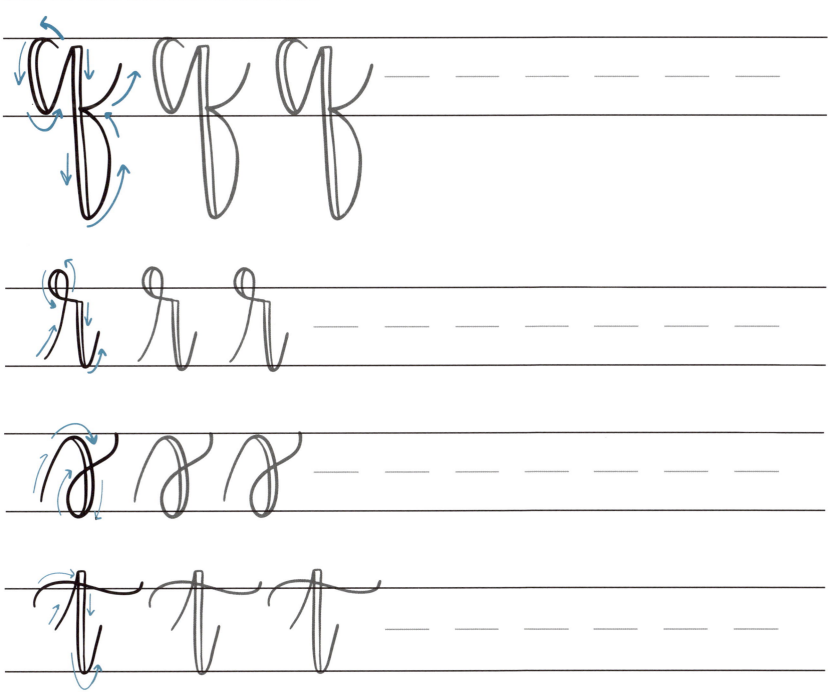

BUCHSTABEN-PRAXIS SCHRITT 1

Ziehe die Buchstaben nach, indem du den Pfeilen folgst.
Setze die Reihe anschließend rechts fort.

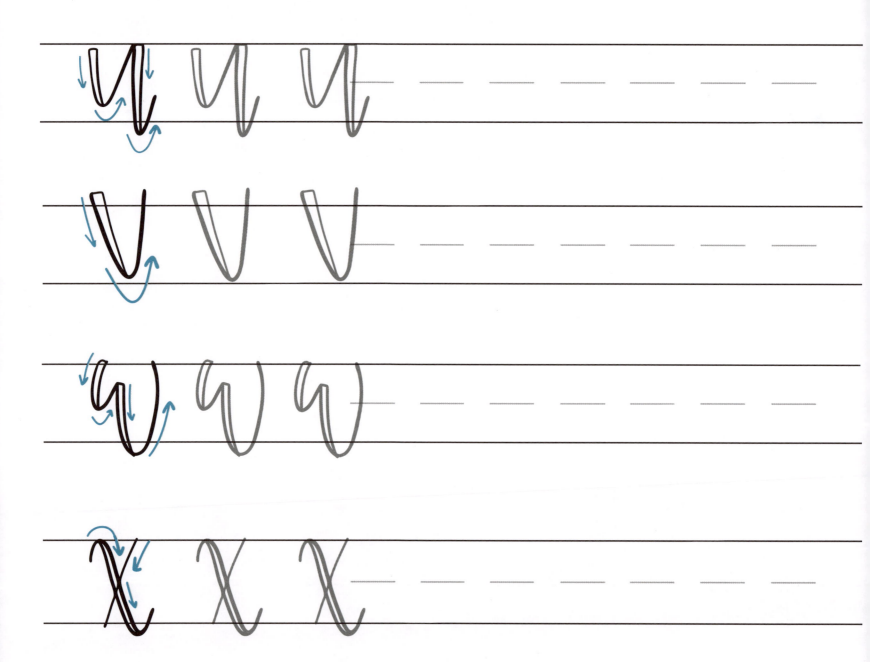

BUCHSTABEN-PRAXIS SCHRITT 1

Ziehe die Buchstaben nach, indem du den Pfeilen folgst.
Setze die Reihe anschließend rechts fort.

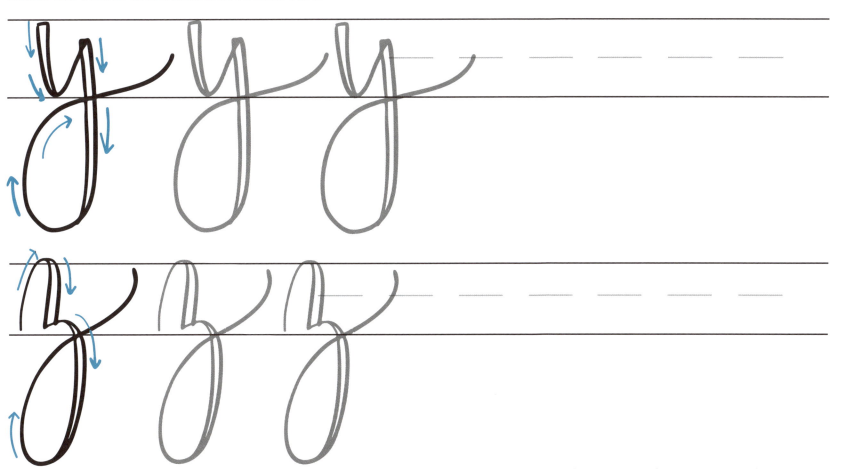

SCHON BEMERKT?

Um die Buchstaben nachzuziehen, musst du immer nur dieselben Bewegungen wiederholen. Doch für deinen eigenen Stil wirst du irgendwann andere Formen finden, durch die deine Buchstaben unverwechselbar werden. Ich persönlich bin ganz vernarrt in die ausladenden Bogen bei m, n, p, r, h, b und k. Wenn sie sich für dich falsch anfühlen oder dir nicht gefallen – egal! Lass sie einfach weg. Eine andere Form, die ständig wiederkehrt, ist der geschwungene Ansatz bei a, d, g und q. Vielleicht ist dir schon aufgefallen, dass sich dieses Detail auch bei i und t wiederfindet. Sobald du eine ständig wiederkehrende Form einmal gemeistert hast, beherrschst du nicht nur einen Buchstaben, sondern gleich mehrere! Aber das wird nicht über Nacht passieren. Es hat rund eineinhalb Jahre gedauert, bis ich das Gefühl hatte, ich würde mein eigenes Alphabet vollständig beherrschen. Das sage ich nicht, um dich zu entmutigen, sondern um dich zu ermuntern, nicht aufzugeben. Handlettering erfordert viel Zeit und jede Menge Übung. Je mehr Zeit du für das Alphabet aufwendest, desto sicherer wirst du dich fühlen, wenn du mit deinen eigenen Entwürfen beginnst. Also, Stift zur Hand und frisch ans Werk!

BUCHSTABEN-PRAXIS SCHRITT 1

Ziehe die Buchstaben nach, indem du den Pfeilen folgst.
Setze die Reihe anschließend rechts fort.

26

BUCHSTABEN-PRAXIS SCHRITT 1

Ziehe die Buchstaben nach, indem du den Pfeilen folgst.
Setze die Reihe anschließend rechts fort.

BUCHSTABEN-PRAXIS SCHRITT 1

Ziehe die Buchstaben nach, indem du den Pfeilen folgst.
Setze die Reihe anschließend rechts fort.

BUCHSTABEN-PRAXIS SCHRITT 1

Ziehe die Buchstaben nach, indem du den Pfeilen folgst.
Setze die Reihe anschließend rechts fort.

BUCHSTABEN-PRAXIS SCHRITT 1

Ziehe die Buchstaben nach, indem du den Pfeilen folgst.
Setze die Reihe anschließend rechts fort.

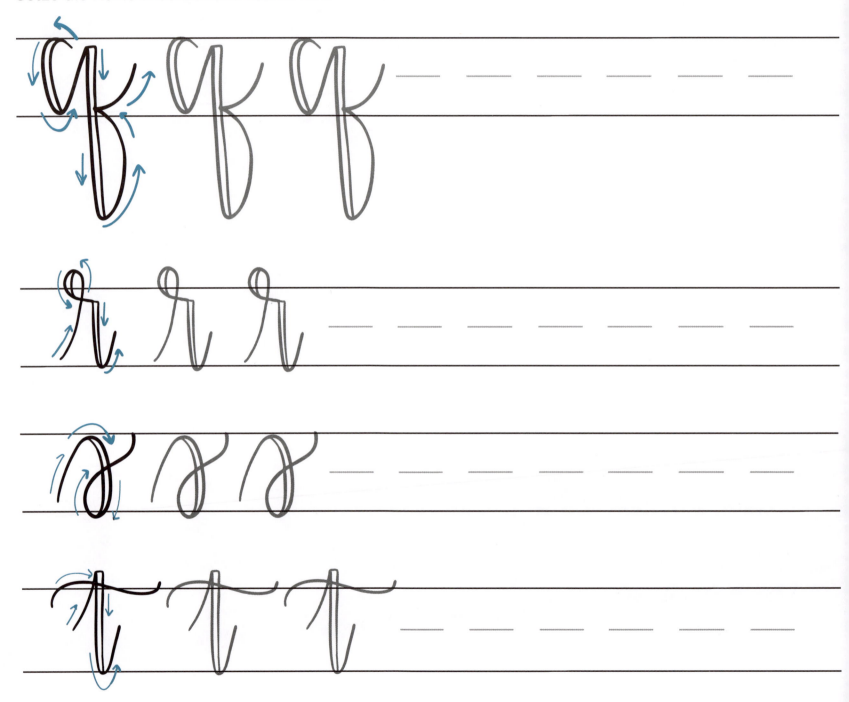

30

BUCHSTABEN-PRAXIS SCHRITT 1

Ziehe die Buchstaben nach, indem du den Pfeilen folgst.
Setze die Reihe anschließend rechts fort.

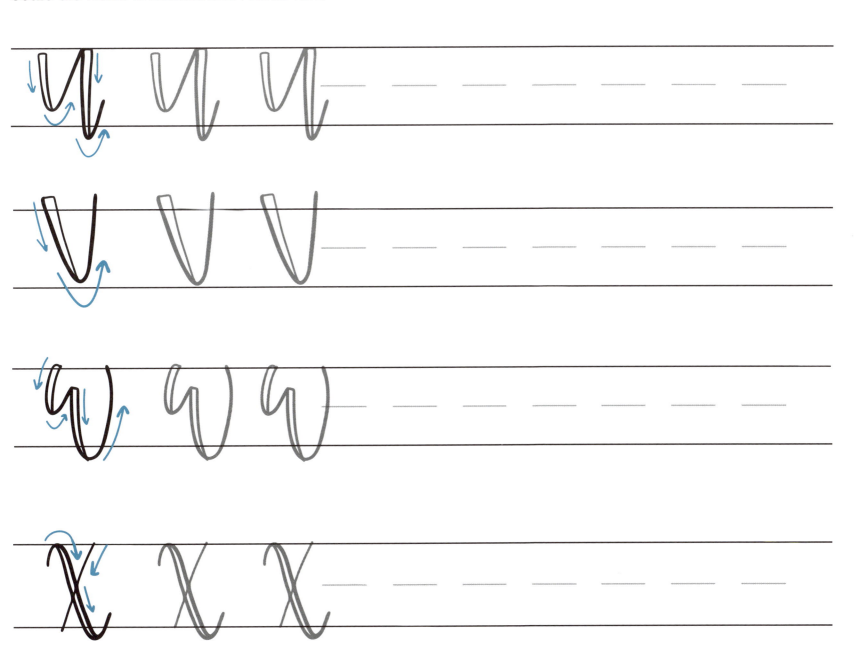

BUCHSTABEN-PRAXIS SCHRITT 1

Ziehe die Buchstaben nach, indem du den Pfeilen folgst.
Setze die Reihe anschließend rechts fort.

BUCHSTABEN-PRAXIS

SCHRITT 2

BUCHSTABEN-PRAXIS SCHRITT 2

Übe jetzt alleine, und fülle diesmal die Abstriche aus!

BUCHSTABEN-PRAXIS SCHRITT 2

Übe jetzt alleine, und fülle diesmal die Abstriche aus!

BUCHSTABEN-PRAXIS SCHRITT 2

Übe jetzt alleine, und fülle diesmal die Abstriche aus!

BUCHSTABEN-PRAXIS SCHRITT 2

Übe jetzt alleine, und fülle diesmal die Abstriche aus!

BUCHSTABEN-PRAXIS SCHRITT 2

Übe jetzt alleine, und fülle diesmal die Abstriche aus!

BUCHSTABEN-PRAXIS SCHRITT 2

Übe jetzt alleine, und fülle diesmal die Abstriche aus!

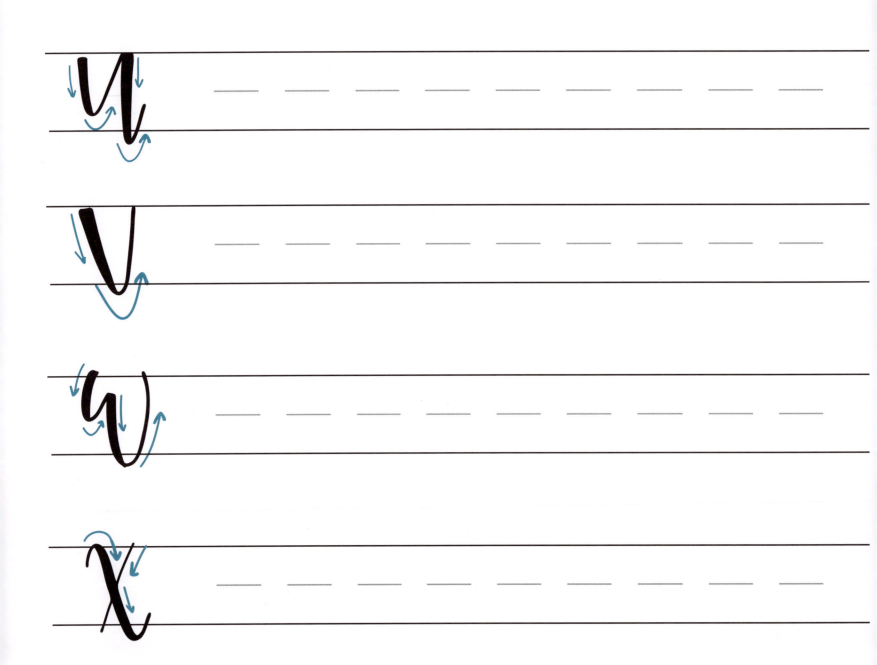

BUCHSTABEN-PRAXIS SCHRITT 2

Übe jetzt alleine, und fülle diesmal die Abstriche aus!

BUCHSTABEN-PRAXIS SCHRITT 2

Übe jetzt alleine, und fülle diesmal die Abstriche aus!

BUCHSTABEN-PRAXIS SCHRITT 2

Übe jetzt alleine, und fülle diesmal die Abstriche aus!

BUCHSTABEN-PRAXIS SCHRITT 2

Übe jetzt alleine, und fülle diesmal die Abstriche aus!

BUCHSTABEN-PRAXIS SCHRITT 2

Übe jetzt alleine, und fülle diesmal die Abstriche aus!

BUCHSTABEN-PRAXIS SCHRITT 2

Übe jetzt alleine, und fülle diesmal die Abstriche aus!

BUCHSTABEN-PRAXIS SCHRITT 2

Übe jetzt alleine, und fülle diesmal die Abstriche aus!

BUCHSTABEN-PRAXIS SCHRITT 2

Übe jetzt alleine, und fülle diesmal die Abstriche aus!

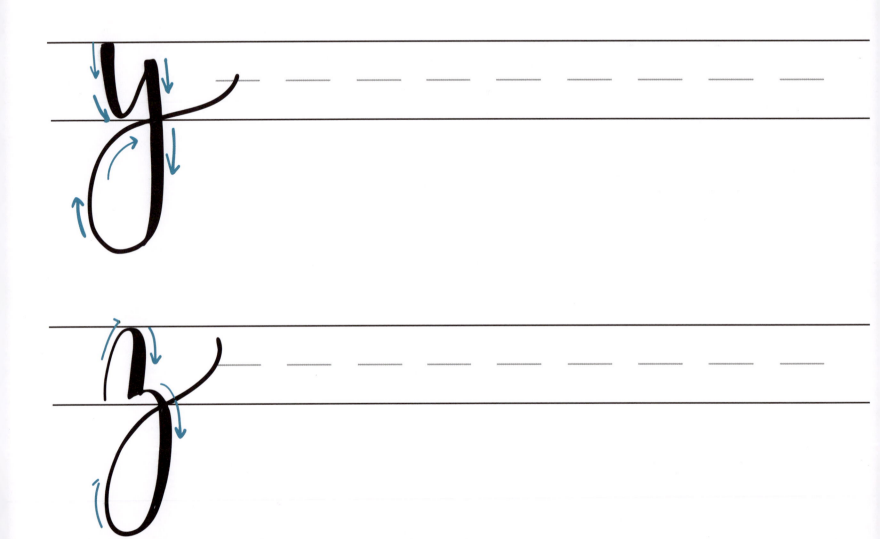

DAS ALPHABET AUF EINEN BLICK

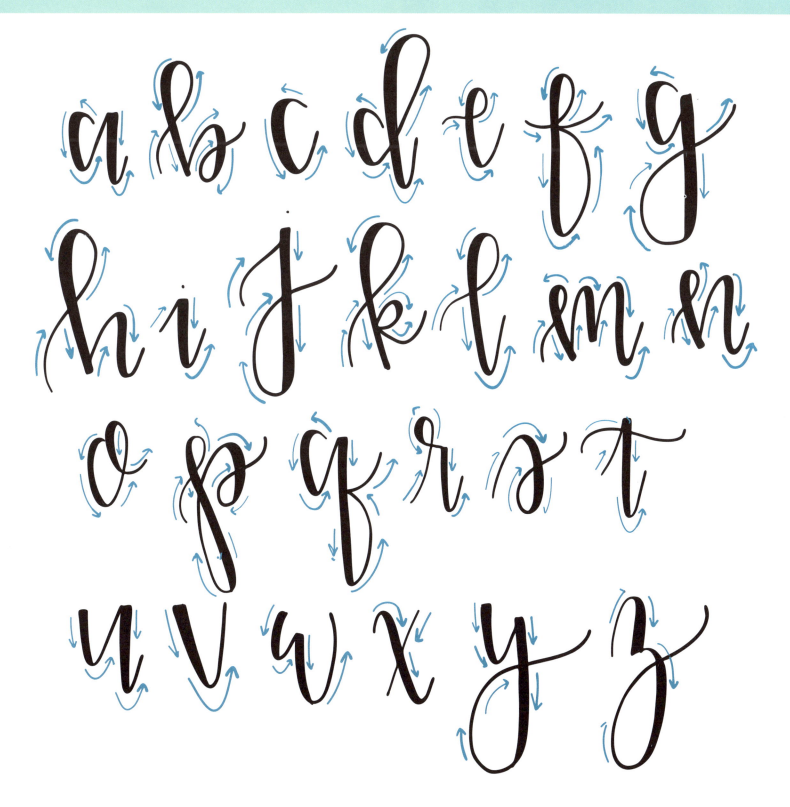

BUCHSTABEN VERBINDEN

BUCHSTABEN VERBINDEN

Die Buchstaben miteinander zu verbinden ist eine der größten Herausforderungen beim Handlettering. Dabei gilt es, die einzelnen Buchstaben als Form für sich zu betrachten. Bei jedem Wort gibt es Passagen, bei denen du einfach im Fluss bleiben und die Einzelformen ohne Absetzen des Stifts verbinden musst. An anderen Stellen kannst du sehen, dass ich den Stift abgesetzt habe, um zwei Buchstaben miteinander zu verbinden; diese Stellen habe ich durch farbige Kreise markiert. Wenn auf einen Buchstaben einer mit nach links gewölbtem Anstrich folgt – etwa „a", „c" oder „g" –, solltest du den Buchstaben mit einem langen Schweif enden lassen, um dort mit dem runden Anstrich neu anzusetzen. Im Bild oben habe ich farbig markiert, wo ich meinen Stift abgesetzt habe, um den nächsten Buchstaben zu beginnen.

BUCHSTABEN VERBINDEN

DEN STIFT ABSETZEN

Hier kannst du nachvollziehen, wie ich das Wort „cursive" ausführe.

1. Schon während ich noch beim ersten Buchstaben bin, dem C, schaue ich, welcher Buchstabe folgt. Es ist das U, also ein Buchstabe mit rundem Anstrich. Darum verlängere ich den Schweif des C, bis dieser beinahe bis zu der Stelle führt, wo ich mein U ansetzen möchte.

2. Beim Übergang vom U zum R unterbreche ich meine fließende Bewegung nicht und lasse meinen Stift auf dem Papier, wodurch ich den eleganten Bogen unterhalb des U und die Schleife oben am R erhalte.

3. Am Übergang zum Abstrich meines R setze ich den Stift ab und stelle mir schon vor, wie ich den Übergang zum S gestalten will.

4. Genauso setze ich auch vor dem Übergang zum Abstrich des I ab. Wie du siehst, gleicht der Abstrich des I dem des R.

5. Zwischen I und V bleibe ich in der fließenden Bewegung und erhalte damit die feinen Bogen an der Unterseite der Buchstaben.

6. Anschließend setze ich den Stift neu an und beginne das E auf derselben Höhe, auf der ich beim V abgesetzt habe.

Jetzt weißt du, wie ich von hier… …nach hier gekommen bin.

BUCHSTABEN VERBINDEN

Du kannst die Verbindung der Buchstaben wunderbar anhand des Alphabets üben. Mit der Zeit wird dir meine Regel in Fleisch und Blut übergehen: Setze deinen Stift ab, wenn der nächste Buchstabe einen nach links gewölbten Anstrich hat.

VERBINDE HIER DIE BUCHSTABEN DES ALPHABETS:

BUCHSTABEN VERBINDEN

VERZWICKTE ÜBERGÄNGE

Unten siehst du ein paar der schwierigsten Übergänge von einem Buchstaben zum nächsten. Das betrifft insbesondere Fälle, wo ein Buchstabe wiederholt wird oder zwei Buchstaben mit ausgeprägtem Bogen aufeinanderfolgen. Ein Beispiel: Beim LL führe ich meinen Stift regelmäßig und fließend, ohne ihn abzusetzen, und ziehe so die beiden Bogen. Wie du sehen kannst, habe ich außerdem das zweite L ein wenig kleiner angelegt, damit die beiden Bogen oben nicht kollidieren. So wie die Buchstaben selbst, erfordern auch die fließenden Übergänge Zeit, bis du sie beherrschst. Das Wichtige ist, dass deine Muskeln die Bewegung verinnerlichen.

Übe unten deine L- und E-Bogen, ohne abzusetzen. Als ich es probiert habe, habe ich fünf Bogen geschafft, bevor es mir schwerfiel, meine Hand nach rechts zu bewegen und den fließenden Schwung aufrecht zu erhalten.

VERBINDUNGEN ÜBEN

Übe unten, die Buchstaben miteinander zu verbinden.

Setze deinen Stift hier ab, und beginne mit dem nächsten Buchstaben.

Dein Platz zum Üben:

VERBINDUNGEN ÜBEN

Übe unten, die Buchstaben miteinander zu verbinden.

Setze deinen Stift hier ab, und beginne mit dem nächsten Buchstaben.

Dein Platz zum Üben:

VERBINDUNGEN ÜBEN

Übe unten, die Buchstaben miteinander zu verbinden. Bist du bereit für eine größere Herausforderung? Bestimmt!

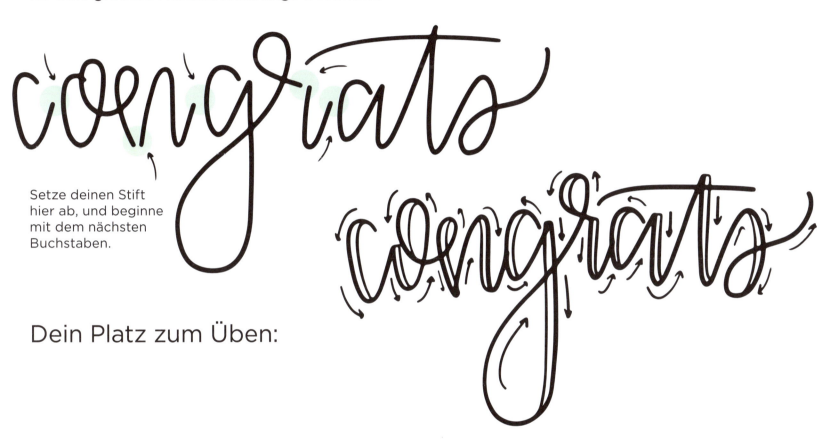

Setze deinen Stift hier ab, und beginne mit dem nächsten Buchstaben.

Dein Platz zum Üben:

VERBINDUNGEN ÜBEN

Übe unten, die Buchstaben miteinander zu verbinden.

Setze deinen Stift hier ab, und beginne mit dem nächsten Buchstaben.

Dein Platz zum Üben:

VERBINDUNGEN ÜBEN

Übe unten, die Buchstaben miteinander zu verbinden. Erinnerst du dich noch an die verzwickten Übergänge von weiter oben? Genau die sollst du hier versuchen.

Setze deinen Stift hier ab, und beginne mit dem nächsten Buchstaben.

Dein Platz zum Üben:

VERBINDUNGEN ÜBEN

Übe unten, die Buchstaben miteinander zu verbinden. Erinnerst du dich noch an die verzwickten Übergänge von weiter oben? Genau die sollst du hier üben.

Setze deinen Stift hier ab, und beginne mit dem nächsten Buchstaben.

Dein Platz zum Üben:

EINS NOCH

Ich hoffe, es ist klar geworden, dass du bei manchen Buchstaben deinen Stift einfach absetzen kannst, ohne dass es deiner Zeichnung schadet. Ein Beispiel dafür ist das A, wie du oben bei „happy" sehen kannst. Dass ich am Übergang zum Abstrich abgesetzt habe, hat mir ermöglicht, meine Hand zu lockern und mich auf die fließenden Formen des Doppel-P vorzubereiten. Dasselbe gilt für das R und das N in „cheers" bzw. „congrats".

BRING DEINE BUCHSTABEN ZUM TANZEN

BRING DEINE BUCHSTABEN ZUM TANZEN

Groß im Trend liegt momentan ein sehr lebendiger Stil. Das Geheimnis dahinter ist, seine Buchstaben zum „Tanzen" zu bringen. Vergiss die Grundlinie, führe deine Bogen weit nach unten, füge ein paar Schnörkel hinzu, schrumpfe ein paar Buchstaben, betone die Auf- und Abstriche, und führe alles möglichst fließend aus. Klingt doch nicht schwer, oder? Doch genau das ist es. Diese Techniken sind etwas für Fortgeschrittene und benötigen einige Zeit. Schauen wir es uns genauer an!

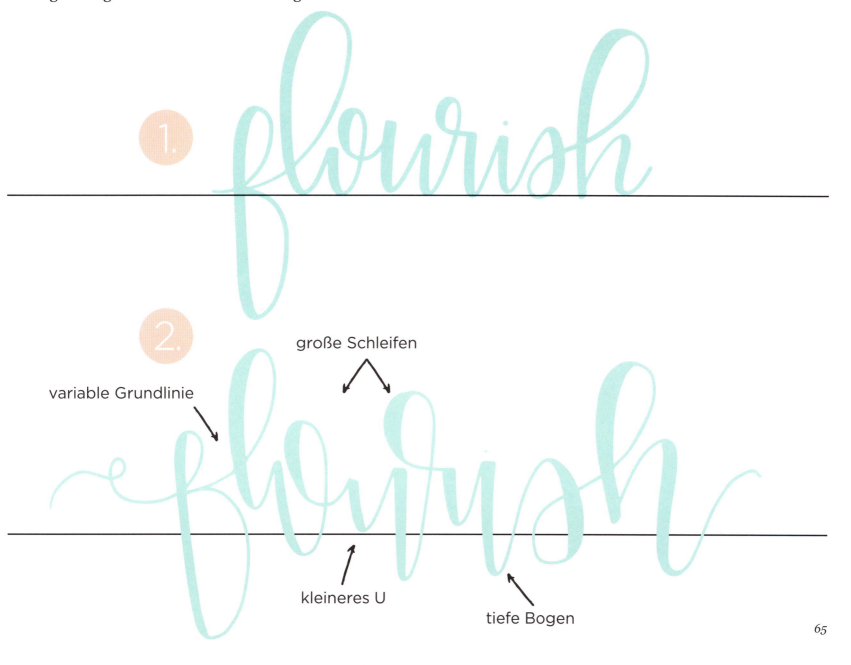

BRING DEINE BUCHSTABEN ZUM TANZEN

Schauen wir uns noch ein Beispiel an!

1. Ich beginne das Wort mit einem kleinen Schnörkel.

2. Das E liegt oberhalb der ursprünglichen Grundlinie und wird zudem kleiner gezeichnet.

3. Die beiden T sitzen auf unterschiedlichen Grundlinien.

4. Abermals wurde die Grundlinie höher angesetzt und das E kleiner gezeichnet.

5. Überzogene Schleife beim R.

6. Übertriebene Schleife beim G, die zudem in einem Schnörkel ausläuft.

Manchen wird es leichterfallen, die Buchstaben zum Tanzen zu bringen, als anderen. Lass dich nicht entmutigen, auch wenn es dir zunächst schwerfällt. Doch wenn du ein Wort immer wieder schreibst, wirst du mit der Zeit unterschiedliche Möglichkeiten sehen, wie du es variieren kannst. Es gibt kein Richtig und Falsch, wie du ein Wort zum Tanzen bringen kannst.

LASS SIE TANZEN!

Übe hier mit verschiedenen Wörtern unterschiedliche Möglichkeiten, deine Buchstaben zum Tanzen zu bringen.

LASS SIE TANZEN!

Übe hier mit verschiedenen Wörtern unterschiedliche Möglichkeiten, deine Buchstaben zum Tanzen zu bringen.

LASS SIE TANZEN!

Übe hier mit verschiedenen Wörtern unterschiedliche Möglichkeiten, deine Buchstaben zum Tanzen zu bringen.

DIE RICHTIGE MISCHUNG

DIE RICHTIGE MISCHUNG

Die Vermischung mehrerer Lettering-Stile verleiht deinem Entwurf das gewisse Etwas. Meine eigene Schrift mische ich am liebsten mit einer dünnen Sans Serif. In meinen Augen geben die beiden einfach ein gutes Paar ab. Wenn dein Stil eher schmal und fließend ist, passt vermutlich eine kräftigere Serifen-Schrift gut dazu. Allerdings ist es keineswegs erforderlich, dass du zwei vollkommen gegensätzliche Schriften verwendest. Im Vordergrund sollte stehen, was du mit deinem Design ausdrücken möchtest. Auf mich wirken Serifen-Schriften seriös. Sie sind regelmäßig, gut lesbar und ausgewogen. Sans-Serif-Schriften haben eher eine Neigung zum Ausgeflippten, daher verwende ich sie für verspieltere Designs. Auf den nächsten Seiten kannst du einige Alphabete sehen, die ich in meinen Entwürfen verwende.

HANDSCHRIFTLICHE SANS SERIF

ABCDEFGHI
JKLMNOPQR
STUVWXYZ

HANDSCHRIFTLICHE DEKORATIVE SERIFENSCHRIFT

A B C D E F G H
I J K L M N O P
Q R S T U V
W X Y Z

HANDSCHRIFTLICHE SANS SERIF

ABCDEFG
HIJKLMN
OPQRST
UVWXYZ

SANS-SERIF-KLEINBUCHSTABEN

abcdefg
hijklmno
pqrstuv
wxyz

EIN ALPHABET, DREI MÖGLICHKEITEN

Hier siehst du ein Alphabet, das sich in wenigen Schritten in drei unterschiedliche Versionen verwandeln lässt. Du wirst sehen, wie einfach sich die Buchstaben verändern lassen, indem du die Querstriche und die Körper der Buchstaben ein wenig anders ansetzt oder gestaltest.

EIN ALPHABET, DREI MÖGLICHKEITEN

Hier habe ich die breiten Umrisse der Buchstaben mit Streifen versehen.

EIN ALPHABET, DREI MÖGLICHKEITEN

Und schließlich habe ich die Buchstaben mit je einer Serife verziert.

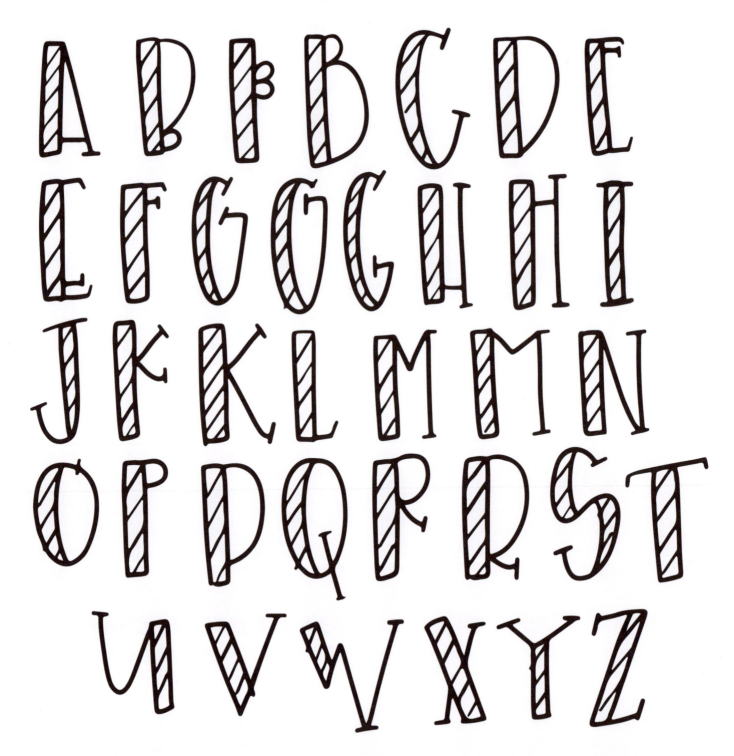

SCHNÖRKEL UND SCHMUCKELEMENTE

SCHNÖRKEL UND ILLUSTRATIONEN

Mit Illustrationen kannst du deinem Design die charmante Anmutung einer Handzeichnung verleihen. Zu meinen Lieblingsillustrationen gehören Blätter, Zweige, Blumen, Beeren und alles andere aus der Natur.

Dein Platz zum Üben:

SCHNÖRKEL UND ILLUSTRATIONEN

Schnörkel haben das Zeug zum besten Freund eines Handletterers. Sie sind das gewisse Etwas, das deinem Design den letzten Schliff verleiht. Eines meiner eigenen verschnörkelten Lieblingsdesigns ist der Schriftzug „bless your heart". Allzu ausladende Schnörkel entsprechen allerdings weniger meinem Geschmack. Bei manchen Buchstaben wirken die Schnörkel ganz natürlich, bei anderen nur gewollt. Unten siehst du einige meiner Favoriten.

SCHNÖRKEL UND ILLUSTRATIONEN

Wie bereits gesagt, beginnen bzw. enden manche Buchstaben auf dieselbe Weise. Wenn du einen Schnörkel also erst einmal beherrschst, kannst du diesen auf alle ähnlichen Buchstaben übertragen. Beispiele dafür sind das Y und das G auf der vorherigen Seite. Eine hilfreiche Faustregel lautet, den ersten und den letzten Buchstaben eines Worts mit Schnörkeln zu versehen. Das wirkt natürlich, und die Schrift bleibt gut lesbar. Übertreibe es aber nicht mit den Schnörkeln – ein Problem, das ich selbst nur zu gut kenne, wenn ich einmal dem Schnörkel-Rausch verfalle. Wenn du Pech hast, kommt dabei am Ende ein ganz anderes Wort heraus.

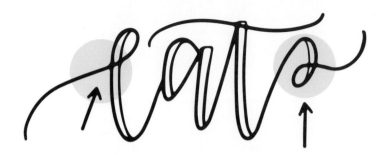

Das hier könnte man eher für ein E halten statt für das beabsichtige elegante C.

Und das hier sieht ohne Frage wie ein Endungs-S aus.

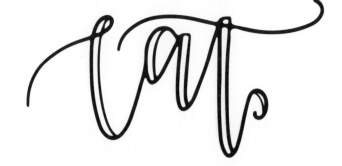

Um meine Patzer zu beseitigen, habe ich sowohl die Schleife des C als auch den Schnörkel des T verkleinert.

Dein Platz zum Üben:

VON DER SKIZZE ZUM BILD

VON DER SKIZZE ZUM BILD

Sobald ich eine Idee für einen neuen Entwurf habe, bringe ich sie sofort zu Papier. Ich versuche, sie mir vor meinem inneren Auge bestmöglich vorzustellen, bevor ich eine grobe Bleistiftskizze mache. Anschließend zeichne ich die Skizze mit einem Micron-Stift nach, scanne sie ein und pause sie mit Adobe® Illustrator® ab. Ich stelle dir im Folgenden mehrere Entwürfe vor, bei denen ich unterschiedliche Letteringformen vermischt habe, und erkläre, wie ich vorgegangen bin.

1. Ich zeichne das Wort vor.

2. Ich füge die Abstriche ein.

3. Ich male sämtliche Abstriche aus.

4. Als Dekoration füge ich parallel zu den Abstrichen ein paar dünne Schmucklinien hinzu.

5. Um die Zeichnung noch weiter auszugestalten, ergänze ich an den Rundungen kleine Deko-Elemente.

6. In breiter Sans Serif füge ich das Wort „there" hinzu.

7. Ich möchte das „there" ein bisschen mehr betonen, darum füge ich an den Stämmen der Buchstaben eine weitere Linie hinzu.

8. Für die Balance im Bild setze ich ein kleines Herz in die Lücke zwischen dem H und dem L.

VON DER SKIZZE ZUM BILD

1. Ich zeichne das Wort vor.

2. Füge den Abstrich hinzu.

3. Stelle meinen Schriftzug fertig. Huch, so nicht! Also radiere ich es aus und richte die Schrift besser aus.

4. Viel besser :)

5. Ich male die Abstriche aus.

6. Und zum Schluss: eine Illustration!

Wenn du beginnst, deinen eigenen Stil zu entwickeln, wirst du merken, dass es kein Patentrezept gibt. Nicht jeder Entwurf braucht eine Illustration, einen Schnörkel oder andere Schmuckelemente! Irgendwann wirst du ein Gespür dafür entwickeln, was dir selbst gefällt, und dich davon leiten lassen. Hab einfach Spaß und nimm das Ganze nicht zu ernst!

PROJEKTE

PROJEKT 1: BE STILL

Beginnen wir mit einem einfachen Entwurf aus zwei Wörtern. Zeichne als Erstes die Linien des Entwurfs nach, die Pfeile geben dir die Richtung vor.

PROJEKT 1: BE STILL

Probier's aus!

PROJEKT 2: JESUS + COFFEE

Zeichne als Erstes die Linien des Entwurfs nach. Die Pfeile geben dir die Richtung vor, und die Kreise zeigen, wo du absetzen und neu ansetzen sollst.

PROJEKT 2: JESUS + COFFEE

Probier's aus!

PROJEKT 3: GET IT, GIRL

Zeichne als Erstes die Linien des Entwurfs nach, die Pfeile geben dir die Richtung vor.

PROJEKT 3: GET IT, GIRL

Probier's aus!

PROJEKT 4: NEVER GIVE UP

Zeichne als Erstes die Linien des Entwurfs nach, die Pfeile geben dir die Richtung vor.

PROJEKT 4: NEVER GIVE UP

Probier's aus!

PROJEKT 5: BUT FIRST, COFFEE

Zeichne als Erstes die Linien des Entwurfs nach, die Pfeile geben dir die Richtung vor.

PROJEKT 5: BUT FIRST, COFFEE

Probier's aus!

PROJEKT 6: THINK HAPPY, BE HAPPY

Zeichne als Erstes die Linien des Entwurfs nach, die Pfeile geben dir die Richtung vor.

PROJEKT 6: THINK HAPPY, BE HAPPY

Probier's aus!

PROJEKT 7: LIFE IS SWEET

Zeichne als Erstes die Linien des Entwurfs nach, die Pfeile geben dir die Richtung vor.

PROJEKT 7: LIFE IS SWEET

Probier's aus!

PROJEKT 8: YOU GOT THIS

Zeichne als Erstes die Linien des Entwurfs nach, die Pfeile geben dir die Richtung vor.

PROJEKT 8: YOU GOT THIS

Probier's aus!

PROJEKT 9: SHINE BRIGHT

Zeichne als Erstes die Linien des Entwurfs nach, die Pfeile geben dir die Richtung vor.

PROJEKT 9: SHINE BRIGHT

Probier's aus!

WÖRTER ZUM ÜBEN

Mit diesen Wörtern kannst du dein neues Können weiter üben.

ÜBUNG MACHT DEN MEISTER

Probier's aus!

WÖRTER ZUM ÜBEN

Mit diesen Wörtern kannst du dein neues Können weiter üben.

ÜBUNG MACHT DEN MEISTER

Probier's aus!

KREATIV GEHT'S WEITER MIT EMF!

SCHMÜCKE UND ÜBE DEINE BUCHSTABEN

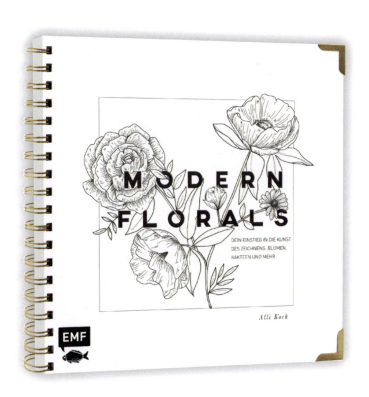

MODERN FLORALS

Dein Einstieg in die Kunst des Zeichnens: Blumen, Kakteen und mehr

978-3-96093-111-9

15,99 € (D)

16,50 € (A)

HANDLETTERING WITH LOVE

Glückwünsche, Einladungen und Sprüche gestalten

978-3-96093-127-0

14,99 € (D)

15,50 € (A)

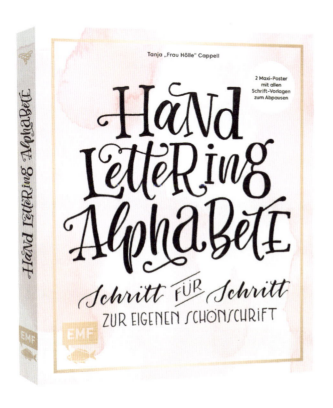 

HANDLETTERING ALPHABETE

Schritt für Schritt zur eigenen Schönschrift

978-3-86355-768-3
19,99 € (D)
20,60 € (A)

HANDLETTERING PROJEKTE

50 neue Ideen für Feste, Wohndeko und mehr

978-3-86355-970-0
19,99 € (D)
20,60 € (A)

IMPRESSUM

Bibliografische Information der Deutschen Bibliothek.

Die Deutsche Bibliothek verzeichnet diese Publikation in der deutschen Nationalbibliografie. Detaillierte bibliografische Daten sind im Internet über http://www.dnb.de/ abrufbar.

Alle in diesem Buch veröffentlichten Abbildungen sind urheberrechtlich geschützt und dürfen nur mit ausdrücklicher schriftlicher Genehmigung des Verlags gewerblich genutzt werden. Eine Vervielfältigung oder Verbreitung der Inhalte des Buchs ist untersagt und wird zivil- und strafrechtlich verfolgt.
Das gilt insbesondere für Vervielfältigungen, Übersetzungen, Mikroverfilmungen und die Einspeicherung und Verarbeitung in elektronischen Systemen.

Die im Buch veröffentlichten Aussagen und Ratschläge wurden von Verfasser und Verlag sorgfältig erarbeitet und geprüft. Eine Garantie für das Gelingen kann jedoch nicht übernommen werden, ebenso ist die Haftung des Verfassers bzw. des Verlags und seiner Beauftragten für Personen-, Sach- und Vermögensschäden ausgeschlossen.
Bei der Verwendung im Unterricht ist auf dieses Buch hinzuweisen.

EIN BUCH DER EDITION MICHAEL FISCHER

1. Auflage 2018

Alle Rechte der deutschsprachigen Ausgabe bei
© 2018 Edition Michael Fischer GmbH, Donnersbergstr. 7, 86859 Igling
Copyright © Originally published 2016 in the USA by Blue Star Press

Titel der Originalausgabe: Hand Lettering 101: An Introduction to the Art of Creative Lettering
Aus dem Englischen übertragen von Sven Scheer, Berlin

Satz: Rebecca Leiner
Fotos: Seite 15 unten, Seite 16 © Pia von Miller
Produktmanagement der deutschen Ausgabe: Anna Schmitt

ISBN 978-3-96093-110-2

Gedruckt bei Everbest Printing, 10/F, Block C, Seaview, 2-8 Watson Road, North Point, Hongkong

www.emf-verlag.de